BEI GRIN MACHT SICH IHR WISSEN BEZAHLT

- Wir veröffentlichen Ihre Hausarbeit,
  Bachelor- und Masterarbeit

- Ihr eigenes eBook und Buch -
  weltweit in allen wichtigen Shops

- Verdienen Sie an jedem Verkauf

Jetzt bei www.GRIN.com hochladen und kostenlos publizieren

Bibliografische Information der Deutschen Nationalbibliothek:

Die Deutsche Bibliothek verzeichnet diese Publikation in der Deutschen National-
bibliografie; detaillierte bibliografische Daten sind im Internet über http://dnb.d-
nb.de/ abrufbar.

Impressum:

Copyright © 2008 GRIN Verlag, Open Publishing GmbH
Druck und Bindung: Books on Demand GmbH, Norderstedt Germany
ISBN: 978-3-668-12384-7

Dieses Buch bei GRIN:

http://www.grin.com/de/e-book/117300/allgemeinbildung-am-beispiel-des-theaters-
tueckes-educating-rita

Julianna Alberty

Allgemeinbildung am Beispiel des Theaterstückes "Educating Rita"

GRIN Verlag

Verstehen und Verändern –
Seminar: Die Bildungsidee im Deutschen Idealismus
Leuphana Universität Lüneburg

Schriftliche Ausarbeitung des Referats vom 11. 04. 08 zum Thema

„Allgemeinbildung"

Eingereicht von: Julianna Alberty
Studiengang: Lehren und Lernen BA.
Abgabe: 29.08.08

Inhaltsverzeichnis

1.0 Einleitung

Passend zum Thema Allgemeinbildung soll hier das Theaterstück „Educating Rita" vorgestellt werden, welches das Aufeinanderprallen von verschiedenen Kulturen und Bildungsschichten darstellt. Diese Ausarbeitung zum am 11. April 2008 von mir gehaltenen Referat im Seminar „Die Bildungsidee im Deutschen Idealismus" soll sich der Fragestellung widmen, ob Allgemeinbildung umfangreichem Faktenwissen gleichkommt und worin der Profit von Allgemeinbildung besteht. Dabei werde ich meine Ausführungen nah am Theaterstück „Educating Rita" halten, da es interessante Dialoge enthält, in denen es um Einsicht, Neugierde auf Veränderung durch Bildung, Autonomie und Kultur geht.

1.1 Vorstellung des Theaterstückes „Educating Rita"

Bei dem Theaterstück handelt es sich um ein komisches Zwei-Personen Stück, das 1985 von dem Briten Willy Russel geschrieben wurde. Es stellt das Potential von Bildung in unserer Gesellschaft dar. Die weibliche Hauptrolle ist Rita, die zu Anfang in einem Frisiersalon arbeitet und sich in einer unglücklichen Lebenslage mit ihrem Lebenspartner befindet. Er möchte eine Familie mit ihr gründen, während sie lieber erstmal sich selbst weiter entwickeln möchte. Sie merkt, dass "es etwas mit dem Wissen auf sich hat", und belegt einen Kursus an der Open University, um die „andere Seite" kennen zu lernen. Ihr richtiger Name ist Susan und nicht Rita, sie zieht Rita jedoch vor, um ihre Vorliebe für die Autorin Rita Mae Brown (Autorin von „Rubinroter Dschungel und etwa ein Dutzend Kriminalromanen) auszudrücken. Sie hat ein kindliches und direktes Gemüt und verstellt sich nicht vor ihrem Professor Frank.

Frank gibt den Kurs nur, um sich wegen Geldmangel etwas dazuzuverdienen, was er auf ihre direkte Frage auch zugibt. Er hält auch nicht mit seinem Alkoholproblem hinter den Berg und der Leser, bzw. der Zuschauer des Theaterstückes bekommt bald den Eindruck, dass er der Kultur und der Philosophie, dem Alltag und eigentlich seiner selbst überdrüssig geworden ist. Er unterhält sich mit Rita über Literatur und auch über persönliche Dinge und lässt sie Essays schreiben, in der Hoffnung, dass sie ihre Abschlussprüfung an der Open University schafft.

Mit der Zeit wird aus der „einfach gestrickten" und etwas proletarischen Rita eine intellektuelle, junge Dame. Sie bekommt neue Freunde und schafft ihre Prüfungen während Frank aufgrund diversen, professionellen „Schnitzern" (wie Trinken und Pöbeln) seinen Arbeitsplatz und seine Lebensgefährtin verliert.

Willy Russel lässt die Protagonisten parallel eine Ab- und Aufwärtsspirale durchlaufen und veranschaulicht so, wie viel Macht man über sein Leben hat. Man kann von jeder Position aus durch „Anziehen oder Lockerlassen der Zügel" die Bahnen seines Lebens mitbestimmen. Der Bildungsgrad einer Person bestimmt Freunde, Gesprächsthemen, Vorlieben, Berufschancen, sozialen Status und langfristig auch den Charakter mit. Rita ist vor ihrer universitären Ausbildung nicht „dumm", sie war in der Lage über ihre unzufrieden stellende Situation zu reflektieren und sah, dass es für sie eine anstrebenswerte Alternative gibt, oder zumindest geben könnte.

Diese Ausarbeitung soll in ihrem Hauptteil die Botschaft des Theaterstücks auf die Realität übertragen und daraufhin Ansichten von Wissenschaftlern zur Allgemeinbildung anfügen.

2.0 Welche Botschaft hat das Theaterstück?

Willy Russel vermittelt uns durch die Aussagen und Handlungen der Figuren das Wissen um den Wert der Bildung. Wer sich, wie die Figur Rita um seine Bildung bemüht, befreit sich von der Ohnmacht, die einen im Griff hat, wenn man sich und seinen Weg vom Staat oder von seinen Angehörigen dirigieren lässt. Rita ergreift die Gelegenheit, sich aus ihrem unzufrieden stellenden Leben heraus zu hebeln und lernt, was Bildung für sie bereithält.

Das Stück stellt hervorragend dar, was ich mit dieser Ausarbeitung aufzeigen möchte; den Unterschied zwischen Scheinwissen und echtem Wissen. Rita belegt den Kursus nicht, um an intellektuellen Gesprächen teilnehmen zu können, „sie will es wirklich wissen"[1]

Ritas Charakter bestimmt ihren am Ende des Theaterstückes deutlich gewordenen Lernerfolg: Die Lernmotivations-Wissenschaftler Deci und Ryan fanden heraus, dass eigenmotiviertes, also intrinsisches Lernen zu einem besseren Verständnis des Lerngegenstandes und besserer Verknüpfung mit bereits vorhandenem Wissen führt. Aus intrinsisch motiviertem Lernen (wie in Ritas Fall) zeigt sich die Überlegenheit vom Verständnis gegenüber dem reinen Faktenwissen, da es einen qualitativen und quantitativ höheren Lerngewinn hat.[2] Das bedeutet, dass Bildung zwar zu Persönlichkeitsentwicklung führt, der erfolgreichen Bildung jedoch meist ein förderlicher Charakter (von u.a. Neugierde) zu Grunde liegt.

---

[1] Russel, Willy: Educating Rita, S. 18
[2] Vgl.: Ryan, R. M., & Deci, E. L. (2000). Self-determination theory and the facilitation of intrinsic motivation, social development, and well-being. American Psychologist, 55, 68-78.

Von echtem Wissenserwerb kann nur die Rede sein, wenn sich nachhaltig und dem Lerner als individuelles Subjekt angepasst, die mentale Struktur breit vernetzt und verdichtet. *„Bildung ist mehr und anderes als eine Sammlung von Kuriositäten oder ein Zufälliger Ausschnitt aus einer gerade vom Zeitgeist hochgespülten Wissenschaftsdisziplin.*"[3]

Rita scheint es richtig machen zu wollen und gibt sich in die Hände des Professor Frank, anstatt sich einfach Lexikon-Einträge einzuprägen. Was sie will, ist ein Perspektivwechsel, der es ihr ermöglicht, zum Beispiel Ballett mit den Augen eines Intellektuellen zu sehen.[4] Sie will wissen woran sich Intellektuelle bei Ballet erfreuen, wenn sie hüpfende Tänzer und Tänzerinnen in Strumpfhosen und Tutus sehen.

Max Schegel sieht in dem Begreifen von Kunst den *letzten Sinn*; die allgemeine personale Bildung, die erst durch die Teilhabe am Göttlichen den Menschen wirklich humanisiert. *„Der Mensch muss also Person erst werden. Er muss sich selbst zum Person sein aufschwingen und zwar durch die Entfaltung und Bildung seines Geistes.[...] Alles geistige Entfalten wurzelt in den Akten des Erkennens und Wissens, die ihrerseits die liebende Hinwendung des Geistes zum Wesenhaften der Welt voraussetzen.* "[5] Auf Ritas Interesse für Ballet bezogen, deutet dieses Zitat darauf hin, dass Rita ahnt, was ihr zu ihrer „Vollständigkeit", oder Humanisierung fehlt: Eine Verbindung zu diesem Göttlichen, welches sie durch Erkennen und Wissen zu erlangen erhofft.

Die Frisörin Rita ist nicht „dumm", sie war in der Lage, ihre Situation zu reflektieren und ihre Neugierde auf Bildung zuzulassen um zu erkennen, dass *echt* gebildete Leute mehr oder zumindest bewusster vom Leben zu profitieren verstehen. Dabei sollte man sich bewusst machen, worin dieser „Profit" genau besteht.

Reiner Profit, aus dem sozusagen alles herausgefiltert wurde und nur noch der Profit vom Profit zurückbleibt, ist Glück. Und so stellt sich nun die Frage in den Raum, ob intellektuelle Leute glücklicher sind, als die benachteiligten, die nicht den Zugang zu umfangreicher Bildung bekommen haben. Zweifelsohne kann man sagen, dass wer mehr Verständnis von den Dingen hat, mehr genießen, aber auch mehr befürchten kann. So lässt sich dem Leben mehr Intensität entnehmen. Doch bezweifle ich, dass gesunde Intellektuelle mehr lachen als

---

[3] Liessmann, S. 21
[4] Vgl. Russel, Willy: Educating Rita, S. 18
[5] Windheuser, 1990, S. 132f

gesunde ungebildete Menschen. Welcher Genuss ihnen aber zugute kommt, ist das Bewusstsein ihrer verdienten Mündigkeit. Wer sich für seine Bildung einsetzt, weiß später genau warum sein Leben verläuft, wie es verläuft und kennt die möglichen Alternativen.

Nach der Sichtweise des Pädagogen und Psychologen Heinrich Roth dient der Charakter des Menschen als erster innerer Halt. So kann sich ein produktives Gleichgewicht mit der Welt ergeben, das die produktive Konfliktlösung in den Vordergrund stellen kann, um liebendes Verhalten zu ermöglichen.

Die drei Lernprozesse, die zur Mündigkeit führen sind kognitiv, moralisch und sozial. Sie verhelfen einem zu Sachkompetenz und zur Sozialkompetenz. So erlangt man nach Roth die persönliche moralische Mündigkeit und die Selbstbestimmung seiner Person.[6]

Die Möglichkeit, sein Leben nach seinem Geschmack (zumindest stark tendenziell) zu richten, macht einen Menschen mündig und damit auch frei. Diese Freiheit beziehe ich hier auf die Beziehung des Individuums zum Staat, die bei geringerer Selbstbestimmung stärker abhängig ausfällt. Wer nur das Mindestmaß an staatlicher Bildung mitnimmt (also neun Jahre Schule), dem wird ohne hilfreiche Beziehungen (in der Alltagssprache auch „Vitamin B" genannt) nicht viel mehr übrig bleiben, als sich in einem eventuell unfreiwilligen Geben und Nehmen mit dem Staat zu arrangieren. Es werden Kontrollen aufgezwungen, man muss alles mit den ermöglichenden Behörden absprechen, Nachweise erbringen, seinen Lebensstil den Erwartungen anpassen und sich letztlich mit dem Mindesten zufrieden geben. Das Schlimmste daran ist, dass man sich in eine Position gebracht hat, in der man unfähig ist, sich weiter zu entfalten. Für spezielle Hobbies, alternative Wirkungsmöglichkeiten, Produktionen oder ähnliches reichen dann weder die Mittel noch die Beziehungen. Wer es dennoch versucht, begibt sich in einen Teufelskreis, der ihn noch weiter einschränkt.

Dabei lässt sich diese soziale Ungleichheit theoretisch beenden, wenn eine Gesellschaft in Wissen ihr stärkstes Kapital erkennt. Eine solche „Wissensgesellschaft" könnte folgende Utopie möglich machen: Wenn „*Wissen von jedermann erworben und in den Wettbewerb geworfen werden kann, fallen endlich alle Klassenschranken, jeder ist im Besitz des wichtigsten Produktionsmittels dieser Gesellschaft: Wissen. Wer nun ans Ende der sozialen*

---

[6] Vgl. Roth, S.13 ff

Stufenleiter gerät, kann sich nicht mehr auf Eigentumsverhältnisse, Gewalt oder Ausbeutung ausreden: Er hat nur schlicht zu wenig oder zu langsam oder das falsche gelernt."[7]

Dieses drastische Zitat unterstreicht die Potenz von Wissen in einer Gesellschaft. Ein weiterer Faktor von Wissensmacht ist die Motivation, die von Bildung ausgeht. Wer seine Möglichkeiten realistisch einschätzen kann, will auch intrinsisch mehr opfern, um sie zu verwirklichen, da er oder sie auch den daraus resultierenden Profit, also das Glück für sich sieht.

All diese aufgezählten großen Ideale, die Bildung mit sich bringen soll, sollen aber keineswegs Wissen mit Glück gleichsetzen. Es scheint das Gegenteil der Fall zu sein; kaum ein als solches anerkannte Genie, das noch nicht an Depressionen gelitten hat. Und wie viel leichter lacht es sich ohne ein ständig reflektierendes „Wenn und aber"?

Wenn Bildung Ballast mit sich bringt, gilt es dieser mit positiver Persönlichkeitsbildung zu begegnen, sonst ergibt sich eine facettenreiche Abwärtsspirale, die die Welt schon viele gebildete Geister gekostet hat. Anerkennung und Erfolg mit allen Idealen verbunden überwiegen immer noch nicht „banales" Glück in Form von Fröhlichkeit und Lachen.

Der Professor Frank, der im Stück als intellektueller Gegenpol der Rita fungiert, scheint vergessen zu haben, welches Glück ihm seine Position beschert hat. Er „pöbelt", trinkt und scheint die hohe Kultur satt zu haben. Er genießt Ritas kindliches Gemüt und empfindet es anscheinend als erfrischend und erleichternd.

So zeigt der Autor auf, dass man sich mit Einsicht wohl für den Hinweg zur Bildung bzw. „Erleuchtung" entscheiden kann, kaum aber für den Rückweg.

Beim Referat fragte ich aus Eigeninteresse (und zur Bestätigung meiner Theorie) überspitzt, welche Situation die Kommilitonen spontan für sich bevorzugen würden; die des „beschwingten Einfallspinsels" ([E]) oder die des unglücklichen Genies ([G]).

Die Auswertung ergab von 14 Teilnehmern
eine Enthaltung, neun [E] und vier [G].

Dieses Ergebnis ist wissenschaftlich natürlich nicht anzuerkennen, da der Stichprobenumfang nahezu verschwindend gering ist. Dennoch nützte die kleine Umfrage um den Kommilitonen

---

[7] Liessmann, S. 33

die Entscheidung zu entlocken, was für sie im Spezialfall mehr wiegt: alle Ideale und Vorzüge einer soliden Allgemeinbildung ohne Leichtsinn [G] oder Fröhlichkeit [E].

Damit wollte ich sie unter anderem daran erinnern sich ihren Bildungsweg so zu individualisieren, dass sie eine Kombination von Wissen und Glück für sich finden und zu erhalten lernen.

3.0 Wie wird Bildung bestimmt?

Allgemeinbildung hat der Spezialbildung gegenüber den deutlichen Vorteil der höheren Flexibilität. Mit einer breiten Allgemeinbildung kann der Mensch neuen und unbekannten Anforderungen kreativer begegnen und ist damit in den verschiedenen Dimensionen weniger eingeschränkt. Dennoch geht der Vorzug für individuelle Allgemeinbildung an Universitäten anscheinend verloren, da spezialisierte Bildung zügig voran geht (sprich: den Staat weniger kostet) und auch die Arbeit, bzw. die Produktion später „unbelastet" von Fremdfachwissen weniger in Frage gestellt wird und damit leichter von Außen dirigiert werden kann. Wilhelm von Humboldt befürchtete, dass ausschließliche Spezialbildung verhindert, dass sich Talent, Technik und Wissen breit vernetzt weiterentwickeln, da sie aus bloßer Nachahmung besteht. Er teilte die Bildung in drei notwendige Grundkategorien von Kompetenzen der Bildung: Individualität, Universalität und die sich aus beiden letzteren ergebende Totalität. Die Individualität ermöglicht dem Lerner eine Auswahl an persönlichen Präferenzen aus Lernstoffen zu seiner Persönlichkeitsentwicklung, die Universalität beruht auf einer breit gefächerten Auswahl der Lernstoffe und die Totalität ermöglicht eine Entwicklung aller Kräfte (resultierend aus I. und U.).[8]

Leider gibt es heutzutage modernere Auffassungen von Allgemeinbildung, die den Maximen des Kapitalismus entsprechen und sich anscheinend immer weiter von Humboldts „Theorie des gebildeten Menschen" entfernen. *„Bei allem, was Menschen heute wissen müssen und wissen können –und das ist nicht wenig!- fehlt diesem Wissen jede synthetisierende Kraft. Es bleibt, was es sein soll: Stückwerk- rasch herstellbar, schnell anzueignen und leicht wieder zu vergessen."*[9]

---

[8]http://kgg.german.or.kr/kr/kzg/kzgtxt/86-04.pdf
Darmstadt: Wiss. Buchges.

[9] Liessmann, S. 8

Der englische Erziehungsphilosoph Peters kategorisiert den „educated man", den Gebildeten nach drei Kriterien.

- o Wünschenswerte Lebensform
- o Er weiß und versteht…
- o …und beeinflusst so durch Denken, Handeln die Welt.[10]

Dieser Auffassung zufolge, wird von dem Gebildeten mehr verlangt, als von einer Person mit umfassenden Grundlagenkenntnissen zu möglichst vielen verschiedenen Themen. Die Gesellschaft hat den Anspruch von einer Gebildeten Person erwarten zu können, dass sie in entsprechenden Umständen lebt, über entsprechendes Wissen verfügt und dieses zu Gunsten aller einsetzt. Diese genauen Ansprüche bestehen, auch wenn keine genaue Einigkeit über Allgemeinbildung oder Bildung besteht. So hat es zwar viele Versuche durch Schulkanons oder Schriftwerke, die die dazugehörigen Fächer und Themen von Allgemeinbildung übersichtlich darstellen sollten gegeben, doch fanden sie sich wohl alle bald strenger Kritik durch andere Gebildete ausgesetzt.

Allgemeinbildung wird heutzutage oft mit dem Bildungskanon gleichgesetzt, um den Begriff vielleicht zu vereinfachen. Dabei spricht Wolfgang Klafki vom „Verfall der ursprünglichen humanistischen Bildungsidee"[11]. Ursprünglich (stammend aus der Zeit der Aufklärung, der Klassik, des Neuhumanismus´ und des deutschen Idealismus´) bezeichnet Allgemeinbildung die Formung und Entwicklung der Personalität aller Menschen in ihrer geistigen und damit vor allem ethischen und ästhetischen Dimension. [12]

---

[10] Vgl. Peters 1967, S. 9
[11] Vgl. Kalfki 1991

[12] Vgl.: Geissler, Erich 1977

4.0 Fazit

Kant sagte einst:

„Aufklärung ist der Ausgang des Menschen aus seiner selbst verschuldeten Unmündigkeit.[13]
Damit stellte er den Menschen eine individuelle und gesellschaftliche Aufgabe.

Bildung ist der beste Weg um der Gesellschaft möglichst viel Potential bei möglichst viel Lebensqualität (immaterielle) entnehmen zu können und jedem Menschen ermöglichen zu können, seine Situation möglichst autonom zu gestalten. Dabei ist zu beachten, dass für Menschen im Erwachsenenalter gilt, sich selbst zu bilden. Sie tragen dann die unbequeme Verantwortung selbst, können aber individuell für sich entscheiden, was und wie viel sie lernen. Von Kindern ist dies noch nicht zu erwarten, ihnen müssen die Augen für den Wert der Bildung noch geöffnet werden, damit sie später ihre Persönlichkeitsentwicklung selbst gestalten, so gut sie es vermögen. Alles in allem, gilt es zu lernen und zu lehren, dass sich gemäß „Sapere aude" (habe den Mut, dich deines Verstandes zu bedienen) der Versuch *zu verstehen* lohnt. So wie Rita im Stück „Educating Rita" erfahren will, was Gebildete von Ungebildeten *wirklich* unterscheidet, sollte sich jeder auf die Suche nach der Wahrheit machen, wann immer es sich ergibt um zu sehen, was das Leben für einen bereithält. Dabei erkennt man vielleicht seine Zugehörigkeit zu einer bestimmten Fachrichtung oder zu einer bestimmten Spezialität, die man ohne sie auszuprobieren, nie erkannt hätte. Jeder Mensch ist anders als die anderen, und diese Andersartigkeit gilt es, nach besten Möglichkeiten herauszukristallisieren. Wer sein Potential nicht auszuschöpfen lernt, verschwendet es und verpasst dabei letztlich sich selbst.

Schulen und besonders Universitäten bieten Zeit und Raum, sich und seine Interessen und Kräfte kennen zu lernen, doch bildet sich aktuell eine Tendenz heraus, die den Lernenden wieder mehr einschränkt. Als Grund wird hier zum Beispiel die Vergleichbarkeit genannt. Damit werden Schüler und Studenten zu (zu bildende) Objekten, die sich nach den klassischen Bildungstheorien jedoch als (sich bildende) Subjekte verstehen dürften. Kurzfristig dient diese Reform vielleicht dem Prestige einer Nation; sie darf sich mit anscheinend blitzgescheiten Experten in allen Gebieten schmücken. Doch zeigt sich die andere Seite der Medaille bald als ein akuter Mangel an Führungspersönlichkeiten, die in der Lage sind interdisziplinär zu denken. Außerdem bleiben neue kreative Zweige aus, die ungeplant unter solchen Umständen nicht entstehen können.

---

[13] http://www.geist-oder-materie.de/Philosophie/Aufklarung/Kant/kant.html

So soll hier als Schlusswort dienen: Im Allgemeinen wie im Speziellen, für eine Nation wie für einen „ABC-Schützen" gilt; probiere dich aus, entwickle dein Potenzial, Erfolg und wahrhaftiges Glück werden folgen.

Literaturverzeichnis:

- Russel, Kurt: Educating Rita, hrsg.: John Poziemski, Harlow, Essex: Longman, 2005

-Erich E. Geissler; *Allgemeinbildung in einer freien Gesellschaft: Standpunkte, Konzepte, Ideen, Kritik*, 1977

-Klafki, Wolfgang: *Neue Studien zur Bildungstheorie und Didaktik: Zeitgemässe Allgemeinbildung und kritisch-konstruktive Didaktik.* Beltz, Weinheim 1991

- Liessmann, Konrad Paul: Theorie der Unbildung, hrsg. Vom Paul Zsonlay Verlag Wien 2006
-Peters, Richard S.: the concept of educaton. London: Routledge & Kegan Paul 1967

-Ryan, R. M., & Deci, E. L. (2000). Self-determination theory and the facilitation of intrinsic motivation, social development, and well-being. American Psychologist, 55, 68-78.

-Rhyn, Heinz: allgemeine Bildung und liberale Gesellschaft, zur transformation der liberal education in der angelsächsischen Aufklärung, Hrsg.: Peter Lang, Bern 1997

- Roth, Heinrich: Moralische Mündigkeit als Ziel der Erziehung. In: Mauermann, L. & Weber, E. (Hrsg.): Der Erziehungsauftrag der Schule. Donauwörth 1981

-Windheuser, Karl: Die Idee der allgemeinen Bildung bei Max Scheler, Fischer Verlag Frankfurt a. M., 1990

Internet-Quellen:

-http://kgg.german.or.kr/kr/kzg/kzgtxt/86-04.pdf (Stand 29.08.08)
- http://www.geist-oder-materie.de/Philosophie/Aufklarung/Kant/kant.html (Stand: 29.08.08)